# मैहरावर

OrangeBooks Publication

1st Floor, Rajhans Arcade, Mall Road, Kohka, Bhilai, Chhattisgarh 490020

Website: **www.orangebooks.in**

---



**First Edition, 2025**

**ISBN:** 978-93-6554-741-2

**Price:** Rs. 280.00



Printed in India

# मैहरावर

अर्पित सिंह

Orange Books Publication
www.orangebooks.in

# कश्मीरी पंडित

तकरीर-ए-सदाकत यही है,

सच्चे मज़लूमों का ख़ुदा भी नहीं है,

ख़ामोश ये गुमनामी बयाँ करती है,

इन बाशिंदों का नामोनिशान ही ज़िंदगी है।

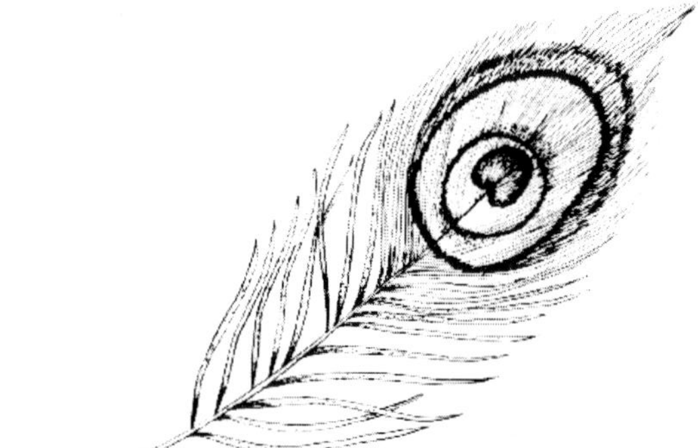

# ज़वाली क़ैफ़ियत

ज़र-अफ़्शाँ ज़ाहिरियत से ज़िन्दा ये ज़माना,
ज़'ईफ़ुन-नज़र होके भी करता मुख़्बिरी,

ज़िल्लत-आमेज़ ज़मीर का मुफ़लिस ये ज़माना,

ज़र्द जुहूरी को कहता मुख़्लिसी।

# एज़्राह

ग़र ज़ख़्म राय-शुमारी से दुरुस्त हो जाया करते तो

क्या ज़ख़्म थे,

ग़र लफ़्ज़ बदज़बानी से शब-ए-फ़ुर्क़त किया करते

तो क्या लफ़्ज़ थे।

ठाठ गुमान वल कोन्या आया करे हैं,

ठाठ केवल रवानगी वल चढ़ाई करे हैं।

# शब-ए-विसाल

रुख़-ए-महताब पे क्यूँ आज अफ़सुर्दगी सी है,

निशा ये आख़िर में क्यूँ आज ख़ामोशी सी है,

शायद इल्हाम है इन्हें हमारी रवानगी का,

शायद यही इश्ति'आल है इनकी नाराज़गी का।

लला,

तरक़्क़ी हर रोज़ बिगड़ती इंसानी फ़ितरत के ज़ोर नए परवान चढ़ेगी,

मगर ला-हासिल रहेंगे वो आला ज़मीर

'जो हमारे ज़माने वल होय करें थे।

# इफ़्शा

अना कभी हुई न ज़ुहूर,

रज़ा कभी हुई न माज़ूर,

'मख़मूर मैं, फ़िर न जाने क्यूँ हुआ मशहूर'।

# अज़रान

फ़ाइज़ फ़त्ताह मेरी हुई फ़िल-अस्ल,

थी हुई ख़ता उनसे ज़रा बे-अस्ल,

वहशत-अफ़ज़ा थी फ़ज़ा,

थी रज़ा बे-वस्ल,

फ़िर भी था क्यूँ मैं ग़ाफ़िल,

शायद था वाकिफ़ मेरा शा' इर-ए-अज़ल।

परिचित था में उन्की व्याकुलता से,

परिचित था मैं उन्की नीरवता से अनिर्विघ्नता से,

मगर मुझे भय था

कहीं वो मेरे इस आभास की अवमानना ना कर बैठें,

संभवतः मैं भी शांत रहा इसी कारणवश,

और संभवतः

इस प्रतीक्षा में कि वह स्वयं मुझे इस लायक समझें

और कह पायें जो चाहे कहना चाहें।

# इल्म

सफ़र ये हुआ ख़त्म आख़िर,

फ़िक्र ना कर ऐ, मु' आशिर,

मेहर-वर हम रहें ना रहें,

बीती रज़ा फ़िर होंगी श' आइर।

# Yलदिरिम

जल्द ही हो जायेंगी नुमाया मंज़िल-ए-आख़िर वो मुबहम,

कि रहेगा ता- 'उम्र चराग़-ए-रोज़ फ़ासलों की अलामत,

बा'द-अज़ाँ शब-ओ-रोज़ शायद आलम-ए-तक़दीर

करेंगी सहार बा' इस-ए-तोहमत।

जज़्बातान वल ज़िंदगी जित्ती अवे तक,

साडे पुरखे वी एस गल चौं निसार होए ने,

ता फेर अप्पां किस मुँह नाल इहदी बे-अदबी करां,

एन्ने माडे साड्डे संस्कार नी।

मेरा उस वक़्फ़े से कोई इत्तेफ़ाक नहीं था
जहाँ आपकी ज़ेहनियत मुझसे इख़्तिलाफ़ रही,
मग़र शायद वो वक़्फ़ा मायने रखता था
जहाँ आप हमसे बेवक्त ओझल रहे।

# ख़्वाहिशें

है जज़्बा-ए-दिल कि

मुकम्मल हो हर ख़्वाब-ए-सहर,

है सोज़-ए-यक़ीं हो जायेंगी रवाँ वो राहें-गुज़र,

ऐ रहबर-ए-कामिल ना हो तू नशर,

कि हो जाए निराश मेरा अक्स-ए-क़मर।

गुज़री निशा वो आलम-ए-एहसास लायी है,

शब-ए-बेदार वो इफ़्शा-ए-राज़ लायी है,

हुआ हूँ मुख़ातिब में उन अल्फ़ाज़ों से,

जिनकी ऐन-ए-हयात मेरी रब से इख़्तिलात लायी है।

# Aryanam: My Ancestry

था इक दौर-ए-ज़माँ थी फ़ारसी हम-ज़बान,

मगर वो न था ईरान थी रियासत-ए-अर्यनम,

थी हमसाया हुकूमत सर-ज़मीन-ए-हिंद में मुलव्वस,

थी आज़ाद नियाम वो हमरँग ज़र-फ़िशाँ,

था मौसी का घर वो बा लुत्फ़-ए-ज़बाँ,

था रिश्ता-ए-ख़ूँ हमारा उस वक़्फ़े-ज़मान,

अब हैं आलम-ए-वजूद यूँ कि शादाब बस कफ़न हैं,

या तो स्त्री का दमन है या फ़िर मासूमों का शमन है,

ए' तिराफ़-ए-जफ़ा अब इस कदर है कि

ग़ाफ़िल मूरिस-ए-आ'ला दफ़न होके भी अज़्लम हैं।

# अहद

वक़्त तेरे इज़हार का नहीं,

वक़्त है उसका नज़र आना,

वक़्त तेरे इन्तेज़ार का नहीं,

वक़्त है उसका मुकर जाना,

वक़्त तेरे इसरार का नहीं,

वक़्त है उसका पछताना,

वक़्त उसका अफ़गार नहीं,

वक़्त है तेरा अफ़साना,

वक़्त उसका दुश्वार नहीं,

वक़्त है तेरा बेगाना,

होगा वक़्त उसका दिल-दार ज़रूर,

मग़र वक़्त होगा तेरा भी परवाना।

# शायर-ए-पंजाब

ज़ज्बात लिखदे नी अप्पां किताबां पढके,

ज़ज्बात दिसदे नी अप्पां पलेखे मिज़ाजॉ वख़ के,

ज़मीर हिलदे नी साडे रुआब मुकदे,

नाल खङ दे नी जिथ्थे सवाब दबदे।

# अफ़साना

संघर्ष में हूँ इस वक़्त,

मगर हम-सायों को यह इल्हाम है,

कि है ना इक्तिसाब-ए-' इल्म हमें,

शायद इसिलिये वो बे-ए' तिबार हैं,

रहूँगा अब ख़ामोश मैं,

शायद यही मेरी शहवार है,

मगर फ़िर इक दिन पहुंचूँगा मैं 'अर्श पे,

देखूँगा कौन मेहर-वार है,

मेरा असास-ए-'अज़्म तो अब तक वही थे,

मेरी खैर-ख़बर भी अब तक वही थे

मगर देखूँगा फ़िर दिल-आज़ार वो

क्या कभी हो पाएंगे क़द्र वार वो।

इस बार ये ज़मान-ए-मुख़्तसर

दफ़'अ-ए-आख़िर होगी,

कल फ़िर मफ़ाख़िर वो ए'लान-ए-सहर होगी।

ना किसी से राबता मेरा,

ना किसी को मनाना,

रास्त-बाज़ी केवल 'अज़ीज़-ओ-यज़्दा से होती है,

बेशक है ये मेरा मुश्फ़िक़ाना।

# दिल-ए-रफ़्ता

इब ना रवे खौफ़-ए-मो' तज़िल अज़रा,

इब ना रवे ज़ो'फ़-ए-दिल ज़हरा,

हैबत ए हयात रही ना हसरत-फ़ज़ा,

मिर्ज़ा-मिज़ाज हम किवें हुए मुक़्तज़ा।

जादौन-भाटी घरानों वल जम्मे अप्पां,
हक़ीक़त ते वीरवारी साडी शाह-रग रही है।

अप्पां ओहदे वलों नि खङ दे,

जेड़े अपने ज़मीर वल नि अड़ दे।

# राजपूताना

हैं ग़ाफ़िल, मौजूदा हस्ब-ए-हाल में,

सब्र-ओ-तहम्मुल के अकाल में,

ग़र हुए ख़ुद-आगाह,

ये राणे मस्ताने गुमराह,

बेशक हो जायेंगे आ'लम ए फ़ना,

रणमस्त ये ब्रजवाने बना,

ताहम लहराएंगे परचम-ए-फ़तह,

"वीर भोग्य वसुंधरा",

हद-ए-अर्यनम फ़िर होगी 'अयाँ,

सर-ज़मीं-ए-हिंद में फ़िर ज़ा'फ़राँ।

# काफ़िर

इन्साफ़ अमाल-ए-मसरूफ़ियत नहीं,

इंसानी फ़ितरत अदल-ओ-इन्साफ़ नहीं,

बीते कल की बे-नफ़्सी,

मौजूदा ज़ाती-मफ़ाद नहीं।

# राजपूताना

जादौनों दी क़स्द इच महर-वरज़ी रही,

ते भट्टीयाँ दी अज़्म इच ख़िलाफ़-वर्जी रही,

थे वाहिद अस्लाफ़ शहाने साडे,

थे अड़ दे अख़लाक़ ज़माने साडे,

ते फ़ेर होए निसार सरहद-ए-ज़ेहन च

वैर होए इसरार मुखालिफ़-ए-नस्ल ओ दमन च,

ता फ़ेर कड्डे 'अहद-ए-हुकूमत ने फ़र्द-ए-इल्ज़ाम दे फड्डे,

था अङया कदे हरि मैहरावर,

था अङया कदे डुल्ला शोहरा-वर,

हैं हजो वी आबाद साडे अख़लाफ़-ओ-जवाक़,

फ़िर बेशक हों मुख्तलिफ़ इन्फ़िरादी हालात।

गुमान च वद के लोकी

ऐ भूल जान्ने आ,

ऐ ज़िन्दगी इक्को ही आ,

ते ऐ रुप इक्को ही आ,

नेडे सारे लोग इक्को ही आ,

फ़ेर रब ना जाने थोनू इस रुप च कदो राबता कराण।

मौला मेरा है,

मग़र इबादत मेरी नहीं है,

ख़ुदा मेरा है,

मग़र अक़ीदत मेरी नहीं है,

मैहरावर मेरा है,

मग़र शहादत मेरी नहीं है,

है तो बस ये सर ज़मीं-ए-हिंद,

इसकी रूह में बिसरा,

मेरा ज़मीर अरबी नहीं है।

# वैर

ओए राणा,

किरदार,

डोलेयाँ च ज़ोर वलों नी परखे जान्ने आ,

ज़मीर च किन्ना ज़र्फ़ है?

ओहदा ताब केवल ख़ुद-दारी बखानी आ।

गुलाब तो हमारे गुल-ए-बाग़ान में भी वाफ़र हैं,

मगर इन बहारों में केवल

गुल-ए-लाल ही वस्फ़-ए-ख़ास नहीं।

बेशक हो जायें फ़ासले अफ़ज़ाइश,

बेशक हो जायें राह-ए-'अमल मुख्तलिफ़,

मगर हो जाता यह रोज़-ए-अज़ल

किस तरह अज़्याद-ए-रफ़्त,

ख़ुद-फ़रामोशी जाइज़ लगी रूह-ए-रवाँनी से,

ताउम्र नक़्श-ए-माज़ी नाज़िर थी 'अहद-ए-वफ़ाई में।

जब होता है तसव्वुर तेरा,

तो साज़ों की आज़माइश नहीं होती,

होती है तो बस एक नज़्म-ए-हसरत,

जो तेरी रुख़्सती पर ज़वाहिर नहीं होतीं।

मुझे मेरी अणख दा गुमान नहीं,

मुझे मेरी नस्ल दा गुमान है,

जिहदी रूह इस सर ज़मीन-ए-हिंद के हर कतरे में शुमार है,

इहदे वल गद्दारी ना तो साडे डुल्ले भट्टी ने की थी,

ना ही महाराणा प्रताप ने,

ते अस्सी किवें कर देवान,

साडे पुरखे वी इस ज़मीन चो निसार होए ने,

ते साडा सनातन वी आबाद रिहा ने,

ता फेर अप्पा किस मुँह वल एहदी बे-अदबी करां।

तेरे क्यों दा जवाब आज है मेरे पास,

शायद इस क्यों को मैं ही ढूँढ रहा था ख़ुद में,

तेरे लहज़े को नहीं भूलूँगा मैं,

आयीं थी नज़र उसमें माँ मेरी,

शुक्र है तू है यहीं,

कहूँ क्यों हूँ में अब तक इस तरह,

एक इस बात पे तेरी में इस रिश्ते को अब तक,

यूँ अपनी शाह-रग क्यों बनाता चला गया।

आज पहली दफ़ा

जीने की हज़रत को मिटते देखा है,

मैंने बेख़बर कल की हैरत को ढलते देखा है।

# राजपूताना मु शाहदा

देख रहे हैं किस एहतिराम से तशद्दुद
बरपा रही है मौजूदा विफ़ाक़ी-हुकूमत,

जिस रोज़ होगी इब्तिदा-ए-शु' ऊर,

उस रोज़ बरदाश्त नहीं करेंगे वाज़े'-ए-क़ानून की 'अदावत,

राजपूत हैं हम,

करेंगे बग़ावत उस 'आदत-ओ-अतवार से

कि होगी ना नसीब तुम्हें मुक़्तज़ा-ए-शराफ़त।

# राजपूताना

दौर हमारा फ़िर आएगा उस रोज़ ना देखेंगे
लिहाज़ दस्तूर-ए-इम्तिसाल का,

दौर हमारा आएगा उस रोज़ जिस रोज़ ना होगा ख़याल सवाब-ए-
इंफ़िसाल का,

दौर हमारा आएगा पुर-ज़रूर उस रोज़ ना करेंगे सहार ज़ाहिदी
लिबास-ए-अफ़रोज़,

दौर हमारा होगा वारिद जिस रोज़ होंगे शहवार बसीरत-अफ़रोज़,

दौर-ए-ज़माँ होगा अफ़राज़ जिस रोज़ होगी अनावर

मुख़्लिस दरयाफ़्तगी,

दौर हमारा बेशक फ़िर आएगा उस रोज़ ना होगी सहावर
आब-ए-बाज़-याफ़्तगी।

तेरी बसारत ने मुझे यूं इस क़दर मेहर-वर बना दिया,

शैदा मैं, तेरी रुख़्सती का खुश-मंज़र ना बन सका।

ठाकुर वो है जो इस सर जमीं के

हर कतरे से वाक़िफ़ है,

ठाकुर वो है जो इस सर-ए-हिन्द के

हर हलके में मुजाविज़ है,

ठाकुर वो है जो इस ज़मीन-ए हिन्द के

हर रसूख का ज़मीर है,

ठाकुर वो है जो ख़ुद्दार-ए-रफ़ीक़ है,

ठाकुर वो है जो सबका शफ़ीक़ है,

ठाकुर वो है जो कृष्ण मेहरा-वर का प्रतीक है।

बे-नियाज़ी में अक़्सर शबाहत हो जाती हैं रशीक़,

कहते कहते नज़्म-ए-हसरत,

वाज़ेह हो जाया करते हैं अश्क-ए-'अज़ीज़।

# शफ़क़-ज़ार

बे-नियाज़ी में अक्सर,

क्यूँ शबाहत हो जाया करती हैं रशीक़,

कहते कहते नज़्म-ए-हसरत,

क्यूँ वाज़ेह हो जाया करते हैं अश्क-ए-'अज़ीज़,

मैं तेरे 'अक्स से भी ना करूँगा रिवायत,

उस रोज़-ए-शुमार का शाहिद रुख़-ए-अनवर,

बस एक दफ़ा कर देना तू सरगोशी

कि होगी तू हाज़िर उस गुज़ारिश-ए-कसर।

आलम-ए-गर्दिश में अभी फ़लक-उल-अफ़लाक की बाज़-याफ़्तगी बाक़ी है,

शब-अफ़रोज़ उस रोज़-ए-अज़ल में शुमार वो बे-नियाज़ी बाक़ी है,

तू फ़िक्र ना कर ऐ मेरी ज़र-अफ़्शानी तेरी इफ़्शाई में अभी कुछ अर्से बाक़ी हैं।

रफ़्ता-रफ़्ता फ़स्ल-ए-गुल ज़र-अफ़्शाँ हुई बरखा ये बशारत याफ़्ता,

सियाह-बख़्त तन्हा थे हम उस बा'द-ए-मुद्दत यक़ीनन अज़्याद-ए-रफ़्ता।

# हिन्दू ( सनातन )

हैं हिन्द सर-जमीं के शाहीन कैसर-ज़ादे हम,

रघुकुल ब्रजवाने सिया राम के बख़्तावर शहज़ादे हम,

होंगे जहाँ-गश्त रणमस्त एक दिन फ़त्ह-याब हिंदू-ज़ादे हम,

देगा रोज़-ए-क़याम भी गवाही परचम-ए-ज़ा'फ़राँनी की शहाही,

होंगे फ़िर क़ाएम हुक्म-ए-हिन्द शराए'ऋग्वेद,

ताब-ए-अग्नि में सरायत पैग़ाम-ए-अश्वमेध,

होंगे फ़िर ताबे' केसरी बाने मुहाफ़िज़,

सनातन-ए-हिंद के दिलावर मुजाहिद।

# राजपूत

अब कोई बेगाना कहे,

या करे कोई रुसवा हमें,

अनजानों के इस मुल्क में,

ख़ुद आवेज़ हम हो गए।

ज़माने हुए तेरी ना-याफ़्तगी पर कोइ कहानी नहीं लिखी,

दिल-ए-रफ़्ता मेरी बे-नियाज़ी तेरी ज़र-अफ़्शानी पर बे-ज़बानी नहीं लिखी।

# दुशाला

वस्त्र विभूषित स्वर्णिम आला,

लिबास-ए-मिज़ाज से छलके अदब निराला।

रै, रफ़ा ना कर सकै कोई अडदे जाट नै,

जफ़ा ना कर सकै कोई रडदे राजपूत नै,

हैं हम-शीर दिलावर दोउ,

इक रवै गात तै,

इक रवै ठाठ तै।

ऐ ज़मीन, तू ज़फ़र-याब हो ये ख़िलाफ़त है मेरी,

ऐ ज़माँ, तू ज़र-अफ़्शाँ हो ये ख़्वाहिश है मेरी,

ऐ जख़्म, तू ज़ाफ़राँ हो ये ख़्वाब है मेरा।

दामन-ए-शब में गुलज़ार वो शफ़क थी क्यूँ दरख़्शाँ,

क्यूँ इब्तिदा-ए-'इश्क़ में मफ़रूर थी वो सैर-ए-कहकशाँ,

बेशक नक़्श-ए-माज़ी की 'आलम-ए-वहशत में सेहर-आवर थी मेहर-अफ़्शाँ।

तेरी आँखों पर मैहरावर जाऊँ,

तेरी सादगी पर ज़ेब-आवर जाऊँ,

तू जो बने 'अक्स-ए-अना मेरी,

तो तेरी शाइस्तगी पर शोहरा-वर जाऊँ।

# वीर भोग्य वसुन्धरा।

रै बेरा ना तमै मान सिंह का,

जद अफ़ग़ान तै लड्या था,

शूरवीर ओ शोहरा-वर,

गजगज अफ़ग़ान पै चढ़या था,

वर्दा ओ कामरान-ए-हिन्द था,

रज रज मैहरान ओ अड्या था,

खुद-मुख्तार ओ ज़ोर-आवर,

गिठगिठ पठ-आन पिछड्या था,

रै बेरा ना तमै मान सिंह का,

वज - वज पख़्तान मा बढ़या था।

# क़बीला-वार

राणा के लश्कर के वर्दे दीवाने हैं
होक्के और ठाठ के ठाडे ज़माने हैं,
घोडे और गात के तगड़े शाहाने हैं,
भट्टी जादौनों के रक्बे पुराने हैं,
चौहानी मिज़ाज के रुत्बै समाने हैं
शेखावत दलेरों के शाही ठिकाने हैं,
राठौरी अंदाज़ के रुक्के दहाने हैं,
ठाकुरों के गढ़ के झोटे मस्ताने हैं।

दादाजानी कह गए:

लला,

चाक़ ना चित्त ते, ताँ ज़ोर च हिक्क ते।

ज़िक्र किया मेरे तसव्वुर ने,

मेरे ख़याल-ए-तर्जुमन से,

रुसवा ना हो तू,

ग़ुमनामी के रंज-ओ-ग़म में।

# राह-ए-राबता

मु'अर्रा-नज़्म मेरी मद है,

मुशा'इरा मेरा मैखाना,

वो कहते मुझे रब हैं,

मगर हूँ तो बस में इक आवारा।

कागज़ भी काफ़ी नहीं,

क़ुरबत-ए-इज़हार क़लम की स्याही नहीं,

मशायरों के इस जहाँ में ख़ामोशी भी राज़ी नहीं,

उल्फ़त-ए-इक़रार में हर्फ़-ए-अतफ़ बेशक़ होता है,

मगर हमारी अलशख़्सिया में,

हुरूफ़ अल मुक़त्त'त ही क़ायम रही।

# अज़्बर

मुज़्मर है क्यूँ मेहवर-ए-नज़र,

बेशक मुज़्तर है मैहरावर,

श'ऊर है क्यूँ मुन्तशर,

बेशक अनवर है ख़ावर,

ग़फ़लत-शिआरी है क्यूँ मुख़बर,

बेशक दावर है बख़्तावर।

कुछ बाक़ी नही भरोसे क़ाबिल,

ग़र कहूँ कुछ अपनी सी,

कुछ हासिल नहीं ज़िंदगी ज़ालिम,

ग़र करूँ कुछ अपनी सी।

# नक़ाब-पोश

कलाकार मैं,

मेरा कोई चेहरा नहीं,

चेहरे पे चेहरा है,

शक्स-ए-माहियत का राज़ भी गहरा है,

खोजना चाहो तो खोजलो मेरी शख़्सियत,

मुमकिन है ढूँढ पाओ मेरी असल कैफ़ियत,

मगर सँभलना,

खो जाओगे नक़ाब-ए-जाल में,

फ़ँस जाओगे पहरों के जंजाल में,

मग़र मिलूँगा ना मैं तुम्हें,

यूँ इस नादान सी कोशिश-ए-ला-ज़वाल में।

लाखों नज़रिये बनाते हैं तुम्हारी नज़रों का जहाँ,

मगर वो ऐनक मैंने बरसों पहले ही कुचल दी क़दमों तले,

ग़लत न होने की ग़लतफ़हमी में जीते लोग,

कफ़्फ़ारा-ए-मा'सियत क्या अदा करेंगे।

छोड़ दीजिए ये धर्म,

जो बस है महज़ एक भरम,

इंसानियत के नाते,

ये जो फ़ासले दिल में ज़ख्म की तरह पन्हा ले रहे हैं,

मिटा दीजिए उन ज़ख्मों को,

तब असलियत का सजदा होगा,

इंसान - इंसान का हमदर्द होगा,

ये जो धर्म के नाम पर लोगों को बाँटा तुमने,

अंदाज़ा नहीं क्या किया तुमने,

मुझमें शैतान नहीं इस इल्ज़ाम से रिहा क़िज़िये,

छोड़ा है मैंने अपना मर्म उस बात की हया क़िजिये,

ना रहेगा अपने पराए का फर्क,

ये दुनिया ही जन्नत है प्यारे,

जरा इसे बिना मज़हब के देखने की ज़हमत कीजिये,

होंगी आपके लिए ये मीठी बातें महज़ एक झूठ,

मगर ज़रा कुरेद के देखो अपने आप को,

छुपे होंगे आपमें भी जज़्बात वो,

दुनिया पे इल्ज़ाम मत डालिए अपने मोह का,

ये मोह ही था जो ना-शु'ऊर था,

ये मोह ही था जो बा'इस-ए-कफ़ूर था,

मुहम्मद और श्री राम तो महज़ एक ज़रिया था,

असलियत में तो शैतान तुम्हारा शरिया था,

कौन काफिर कौन साँई,

सब इस जिंदगी के हैं राही,

खुद को बदलिए पहले,

तब ही ये जहाँ बदलेगा,

और अगर नहीं बदल सकते ख़ुदको,

तो शिकवे शिकायत नहीं होनी चाहिए तुमको।

मुरादें तो लाखों होती हैं ज़ेहन में,

मगर हर मुराद का मुक़म्मल होना ज़रूरी नहीं,

कुछ उसके हुक्म-ए-मर्ज़ पर भी निर्भर करता है,

उसका ख़ुदगर्ज़ होना भी जायज़ है।

ज़राए'-ए-इज़हार पे क्यूँ,

वज़'अ-ए-एहतियात न था,

ज़र-फ़िशानी पे क्यूँ कोई दाग़ न था,

शायद थी वो मस्तूर फ़ाज़िला,

माँही-वल दी महफ़ूज़ हाफ़िज़ा।

वक़्त गुज़रता गया,

मगर हमें कभी एहसास-ए-शुबा ना हुआ,

क्या सोच रहे थे हम,

क्या खो रहे थे हम,

क्या पा रहे थे हम,

ना हुई ख़ुशी ना हुआ ग़म,

बस कुछ महसूस ना हुआ,

खोये रहे क्या ख़याल-ए-जुस्ताजू है,

मगर मिली ना क्या मंज़िल-ए-आरज़ू है,

वक़्त, बेवक़्त और गुज़रा वक़्त,

सब हर पल जीकर भी ला-हासिल सा रहा,

ख़ुदमें गुम हम हुए इस क़दर,

कि ज़माना ही नाक़ाबिल सा लगा।

चाहत है कि मिट जाऊँ इस तरह,

कि मिट जाए मेरा हर ज़र्रा,

यादों में भी न रहूँ,

अश्क़ बहेंगे ब-ख़ुदा हर दफ़्'अ,

जब आऊँगा मैं   याद।

कभी-कभी ख़याल आता है

कि मोहब्बत ने तो गले लगाया नहीं,

क्या पता नफ़रत ही लगा ले,

दुनिया में सिर्फ़ मोहब्बत ही है

जिसपे मेरा बस नहीं,

और नफ़रत ठहरी हर किसी की यावर,

तो भला मुझे कैसे ना गले लगाती।

# ज़िंदगी

ये दुनिया,

बयान भी उस हयात-ए-हक़ीक़त को ही करती है,

जिसमें कहीं न कहीं कोई बेईमानी काबिज़ हो,

और जहाँ बेईमानी की मौजूदगी हो,

समझो वहाँ ये नश्वर ज़िंदगी है, ज़िंदगानी है,

वरना शहीद-ए-मज़लूम तो बेवजह ही गुमनाम हैं,

असली शेरों का नमो-निशान ही क़ुर्बान है,

मगर जो ज़िंदा है वो ये कमबख़्त ज़िंदगी है,

जो फरेब है वो ये कमबख़्त ज़िंदगी है,

और जहां इसकी नुमाइंदगी है,

वहाँ ये कमबख़्त ज़िंदगी है।

असली ठाठ गुमान ते नी,

रवानगी वल आया करे हैं।

आपसे यूँ दफ़'अतन मुलाक़ात,

ख़ुदा ख़ैर करे,

आप से यूँ मेरी शराफ़त,

ख़ुदा ख़ैर करे,

आपकी मेरी रज़ामत

की ख़ुदा ख़ैर करे,

हमारी हर्फ़-ओ-हिकायत

की ख़ुदा ख़ैर करे।

# मिज़ा

अश्क़ बहते रहे,

हसरतों के राज़ कहते रहे,

ख़्वाब ढहते रहे,

बेशक हम सहते रहे,

हम-साज़ यह इरादे रहे,

मगर फ़िर भी हम छुपाते रहे।

काश मेरे ये ख़याल जिनसे केवल मैं वाकिफ़ हूँ,

जो इस लम्हे मेरे ज़ेहन में चीख़ रहे हैं,

मेरी उस मोहब्बत की तन्हाई में,

उसको एहसास करा पाते,

क्या मुझ पर बीत रही है इस वक़्त,

नहीं आप चाहकर भी अंदाज़ा नहीं लगा पाओगे,

क्या मेरे ज़ेहन में गूँज रहा है इस लम्हे,

काश उस तक पहुँचता काश।

नक़ाबी धोखेबाज़ों का ये बुज़दिल जाहिल ज़माना,

ख़ालिस शख़्सियत को कभी तवज्जो नहीं नवाज़ा करता,

तवज्जो भी क्या ख़ाक नवाज़ेगा वो ज़माना,

जो ख़ालिस-निय्यत और हक़ीक़त की शिनाख़्त भी

केवल मतलब से करता हो,

वजाहत तो दूर की बात है,

ये तो लफ़्ज़ों के मायने ही नहीं समझता है,

मसलन जज़्बातों को अल्फ़ाज़ देना

उनकी रूहानियत, मासूमियत और हक़ीक़त

की तक़रीर-ए-मुख़ालिफ़त करना है।

हम ये सोच कर बैठे थे कि उनके अल्फ़ाज़ ही उनका जवाब होंगे,

लेकिन हमें ये कहाँ मालूम था

कि उनकी ख़ामोशी ही सब कुछ कह जाएगी,

हमें तो इंतजार था उनसे दो बात सुनने का और दो बात सुनाने का,

लेकिन हमें ये कहाँ मालूम था

कि वो अपनी ख़ामोशी मैं ही 4 बात कह जाएँगे,

सोचा था कि वो भागे चले आएँगे हमारी बाँहों में,

लेकिन हमें ये कहाँ मालूम था

कि वो इश्क-ए-इज़हार आख़िरी अलविदा थी,

अब ऊपरवाला ही जाने क्या होगा आगे,

हमें तो बस उनके हमारी ज़िंदगी से रुख़्सत होने का एहसास है।

माज़ी ने एहतियात सिखाया,

मौजूदा वक़्फ़े में ऐतबार रमाया,

ज़ज्बात-ए-ज़ाहिराना हम कहाँ भूलें ग़ाफ़िल,

ज़र-ए-एहसास ने है ये किरदार बनाया।

मसरूर हम न जाने कहाँ मग़रूर हो गए,

मग़रूर हम न जाने कहाँ मसरूफ़ हो गए।

मोहब्बत करना पूरे इता'अत से दिलने हमेशा चाहा तो,

मगर बंदगी कभी हुई नहीं जहाँ हमारे लिए कोई चाहत हो,

वो अश्क़ नहीं अफ़सानों के,

वो अश्क़ हैं इकरार-ए-आरज़ू से फ़ितूर-ए-इंकारों के।

जिंदगी है ज़माना नहीं,

सिर्फ तू है ज़माना नहीं,

अब मुकद्दर से क्या डरना,

ऐ दोस्त,

कल और आजकल में कहीं बीत ना जाए रैना,

गुम भी हो जाऊँ में यादों से,

तो अब फ़िक्र नहीं गुमनामी से,

ख़ुश हुआ करता था में भी,

जब था अंजान ज़माने से।

# ज़िंदा

वारिद इक रोज़ रौनक़-ए-अंजुमन होगी,

वाहिद इक रोज़ अहल-ए-ज़मन होगी,

ज़ाहिद बे-ख़ौफ़ बहर-ए-यमन होगी,

शाहिद उस रोज़ शफ़क़ बे-कफ़न होगी।

इल्म हुआ हमें फ़ासलों की सरफरोशी का,

हुआ ना तख़य्युल उनकी ग़ैरमौजूदगी का।

# OLD MAN TALE

"लला,

उल्फ़त तो हर कोऊ करत है,

मगर क़ामिल केवल आज़ुर्दगी करत है।"

कभी-कभी कुछ भी,

क्यूँ ना चाहते हुए भी मैं यूँ कागज़ पर उतार देता हूँ,
अल्फ़ाज़ ऐसे लगते हैं,

मानो मेरी ज़िंदगी की कहानी यूँ ही निगल जाएँगे,

ये आदत, मजबूरी और तक़दीर से परे कुछ बात है,
जो ना जाने क्यों ख़ुद-बा-ख़ुद,

अपने आप को यूँ इस तरह दोहराती है।

मुझे एहसास ना था कि वो मुझसे इस क़दर रूठ जाएगा,

मुझे एहसास ना था कि वो मुझसे इतना दूर हो जाएगा।

# साहिब-ए-ज़मीर

ज़रखेज़ मैं ख़ालिस मेरी कश्फ़-ए-हक़ीक़त,
अलैहिदा मैं मुख़्लिस मेरी शख़्सियत,

मेहर-वर मैं 'आलिम मेरी तर्बियत,

शादाब मैं शोहरा-वर मेरी सलाहियत,

आदिम मैं आला मेरी कैफ़ियत,

अव्वल मुक़द्दम मेरा, मस्तूर मेरी ज़र्फ़ियत।

इंतजार तो करता में उसका भी कुछ पता ना था,

ख़याल आते थे तो मुझे करें क्या सब्र  ना था,

याद आती थी तो मुझे करें क्या?

ज़लमा दिल ग़म ना था,

वापस तो जाता मैं ,

पर साला दिल अपना था,

वापस तो आती वो,

पर उसका भी दिल अपना था,

मिल तो जाते हम,

ज़ालिम दिल हम न था।

# ज़ल्मा

सुहाना सफ़र था ये

जो है वो रहे ना रहे,

मगर ये रात रहेगी,

ये सन्नाटा महफ़ूज़ रखेगा,

मैं रहूँ ना रहूँ,

ये राज़ रहेगा,

तुम रहो ना रहो।

# वीर भोग्य वसुंधरा॥

ऐ, ज़फ़र-याब ला लै ज़ोर जिन्ना तेरी कुव्वत-ए-बाज़ू च हो,

ज़र्रा-ए-आफ़ताब में भी शोहरा-वर साडी 'इशरत-ए-फ़त्ह होगी,

ग़ाफ़िल-ए-मंज़िल शब-अफ़रोज़ वो शहादत-ए-राज़दाँ

फ़िर अल-फ़तह होगी।

शराफ़त मिज़ाजी का

ना-काबिल-ए-फ़हम ये गर्दिश-ए-ज़माना,

साहिब-ए-तासीर हमारी

शराफ़त-ए-नफ़्सी के मुवाफ़िक न था।

कर तो लेता हूँ याद,

मगर अब छुपाना लाज़मी लगता है।

वक़्त बदलता है, शख़्सियत नहीं,

हालात बदलते हैं, जज़्बात नहीं,

वक़्ती गुमशुदगी के आलम बेमालुम से लगते हैं,

एहसास-ए-शुबा होने के दरमियान हम गिर के फिर संभलते हैं,

उस गिरने की कशमकश में डूबे हम न जाने क्यों मचलते हैं,

क्यों उन खोए हुए लोगों के साए

हमें हर लम्हे यादों में दफ़्न करते हैं,

क्यों वो पिघलती शमा में परवाने हिजराह करते हैं,

क्यों वो मैख़ाने ग़म भुलाने के पैमानों में उजड़ा करते हैं,

क्यों वो हुक्मराने श्मशानों से पर्दा करते हैं,

आख़िर क्यों हम अपने ख़्वाबों में अपनों से बिछड़ा करते हैं,

आख़िर क्यों मरहूम हम शब-ए-ख़ामोश गुलशनों में मुसलसल रोते हैं,

ना अपने वजूद-ए-हक़ीक़त से वाक़िफ़ हम,

हर ज़र्रे में बिखरते मुकम्मल होते हैं।

वो कहते आपकी नज़्म ना-फ़हम हैं,

'अक़्ल-ए-'आम की दहलीज़ पे अदम हैं,

क्या करें जनाब गहन लफ़्ज़ों में हम हैं,

ओछी बातों में कहाँ दम है।

फ़िर लेकर आया है शाहिद-ए-शब

कल रात का पैग़ाम-ए-अफ़साना,

निगाहें थीं उनकी

मगर हमारा था मैखाना।

खोया है शासन करने वालों ने घर संसार,

गँवाए हैं राजपूतों ने प्राण होके लहु लुहान,

लोहा है मनवाया चौहानों ने करके युद्ध महान,

फ़िर कहते ये मगरूर किसे हैं,

फ़िर कैसे ये मख़लूक पिसे हैं,

देके दगा बदल के ईमान,

ये बतलाते जाबिर हुक्मरान किन्हें हैं?

अरे, देता है इतिहास गवाही,

मोहीद-ए-काफ़िर ये हर बार बिके हैं।

दोस्ती उम्रदराज़ की

या फ़िर हो किसी तिफ़्ल की,

हमेशा दिल-ए- साफ़ होती है,

दोस्ती कम्सिन नाउम्र से हो,

तो बेशक़ एहसान फ़रामोशी है,

बात तो केवल अफसानों की है,

मगर क्या करें ग़ालिब,

ये दुनिया हुक्मरानों की है,

तो संभलिये दिल नशीं,

ख़्वाबी फ़रिश्ते हैं शयातीन।

दश्त-ए-उलफ़त में तो अक्सर गुल हिबा हुआ करते हैं,

मेहर-वर हमने,

तो आपकी नज़र-अफ़रोज़ी में गुलिस्तान फ़िदा कर दिये।

ज़ुल्मो सितम से लबरेज़ ये ज़िंदगी,

ज़हर सी होती जा रही है हर घड़ी,

अब तक़रार नहीं सही जाती,

शराफ़त की कीमत है बस ज़्यादती,

मुख़लिसी को न समझे ये दोज़ख़ दुनिया,

पायाबी ज़ाहिरदारी की वक़्फ़िय्यत करे,

ये मुफ़लिस दुनिया।

उस वक़्त की तरफ़ बदलो,

जो हर पल आपको आगे बढ़ाता है,

उस वक़्त की तरफ़ सम्भलो,

जो हर पल आपको सँवारता है।

अर्पित सिंह

# ज़ल्म-ए-क़लम

ख़ाली में यूँ ख़याल क्यूँ,

ज़िंदगी में तू सवाल क्यूँ,

ज़ल्मा में तू हस्ब-ए-हाल क्यूँ।

मेरे दिल में बहुत सवाल हैं, मगर मुझे अंदाज़ा नहीं उनके जवाब का,

होता नहीं किसी पे ऐतबार, क्यूँकि होती नहीं किसी से रज़ा,

इसीलिए भटकता हूँ जवाब में, क्यूँकि मिलता नहीं सही कोई रास्ता,

खुलती है जब बात कोई, तब होता पर्दाफ़ाश उसका,

सच्चाई के साफ़े में लिपटा झूठ, खुला तो हुआ सभी को ऐतराज़ था,

इसीलिए कहते हैं मियाँ, सच्चाई के पीछे भी इक राज़ था।

अर्पित सिंह

ये हैवान नसल इंसान है,

कौमी बँटवारा इसकी पहचान है,

जो हैं नश्वर वो इसकी जान हैं,

इसे कहते हिंदुस्तान हैं,

हिंदू और मुसलमान,

खान और चौहान,

मन नहीं भरा तो,

शिया और सुन्नी,

राजपूत और कुर्मी,

कहने को नियत पाक हैं,

मगर इरादे इनके नापाक हैं,

दामन पर ना कोई दाग है,

मगर मन में इनके आग है,

मुँह में एकता के राग हैं,

मगर हाथ लहू लुहान हैं,

सब बस एक छलावा है,

धन दौलत की माया है,

असलियत में तो ये दिखावा है,

प्यार के नाम पर खून ख़राबा है,

अगर सब सहमत हैं तो जायज़ हैं,

ख़िलाफ़त की गूँज नाजायज़ हैं,

सबको शासन करना है,

प्रसिद्धि और नाम का धरना है,

जो है शैतान वो कर्मा है,

बैठ कर खाना इनका सपना है,

वक़्त है बदल लीजिये ये आदतें,

बदनामी में गुम हो जायेंगी वो इबादतें,

ना कीजिये ऐसी सियासतें,

कि फिर बँट जायें ये रियासतें।

# प्रेम

अधूरा बेशक हूँ मगर

अधूरा है तो बेशक़ बस ये वक्फ़ा है,

हसरत ये जिसकी है

बेशक़ वो भी कहीं ना कहीं तरसता है।

"कर रहे हैं बग़ावत 'आलम-ए-रुस्वाई से,

थी ना उम्मीद हुकूमत की ना-शुक्री मुग़लाई से।"

# AURŌRA

पैग़ाम लेकर आया है अतीत का वो तह-ख़ाना,

गुज़री शब की इल्म-ए-फ़ितरत का वो अफ़साना,

चराग़-ए-सहर के आग़ाज़ में

ख़्वाब-ए-सहर का फ़िल-अस्ल फ़साना।

माफ़ कीजिये! मेरी आला ज़फ़्री,

मेरे ख़यालों पर सौदा-ए-मज़ाक़्राह नहीं फ़रमाया करती।

जो कहते हमें हैं बुत-परस्त

हैं ला इल्म वो आईन-ए-हमफ़ितरत से,

शा' इर-ए-ख़ुद्दार हम ज़माँ-ए-आग़ाज़ से हैं,

उनका शु' ऊर ही हमफ़ितरत से,

ज़मीर-ए-दीन हम बदले नहीं,

देते जमीं-दोज़ ये बुत हैं गवाही,

हम आज भी हैं वही,

बदले वो मोमिन जो थे कभी सनातनी।

# लफ़्ज़

मफ़्हूम करें न करें,

राज़ मरहूम ये ख़ास रह जाएँगे।

मैं वो सोच कर नहीं बैठा हूँ,

जो आप सोच कर बैठे हैं,

मैं उस ख़याल में नहीं जीता हूँ,

जिसमें आप ख़्वाब पिरोये रहते हैं।

सालों से पुरानी दोस्ती को पल भर में बिख़रते देखा है,

दिल के सबसे क़रीबी को एक पल में बिछड़ते देखा है,

रिश्तों की अहमियत लोग क्या जानें ग़ालिब

हमने आँसुओं की लड़ी से ये दिल फ़फ़कते देखा है,

अपने आप को कुरबान कर लिया मगर उस बंधन को टूटने नहीं दिया,

आखिरी सांस तक पकड़े रखा,

मगर आख़िर में उन्होंने साथ छोड़ दिया।

# अदम

गुज़री निशा वो आलम-ए-एहसास लायी है,

शब-ए-बेदार वो इफ़्शा-ए-राज़ लायी है,

हुआ हूँ मुखातिब में उन अल्फ़ाज़ों से,

जिनकी ऐन-ए-हयात

मेरी रब से इख़्तिलात लायी है।

गुमान ना ही कित्ता कवे इख़्तियार दा,

मुँह कई बारी तोड़्या मैं हंकार दा।

एक अरसा हो गया उसे याद किये हुए,

सोचता हूँ हर छोटी-छोटी परेशानियों में याद करके अपनी कमज़ोरी उसे क्या दिखानी,

उसकी दी गई बड़ी से बड़ी परेशानियाँ को झेलकर इस रूह की हिम्मत उसे है दिखलानी,

उसने सोचा होगा कि ये थक हार कर मेरे ही पास आएगा

लेकिन उसको क्या मालूम था ये बंदा अपनी ज़िद पे अड़ जाएगा,

उसने तो सोचा होगा कि इसकी नेकी के लिए दुनिया इसे सज़ा देगी,

लेकिन उसे क्या मालूम था कि ये उस सज़ा में भी नेकी ढूँढलेगा,

उसने तो सोचा होगा कि वो उसके बारपाये क़हर से डर जयेगा,

लेकिन उसको क्या मालूम था कि बंदा अपनी ज़िद पे अड़ जाएगा।

अपने ही क़िस्से बहुत हैं,

सुनूँ कैसे किसी ग़ैर रंज-ओ-ग़म की,

अपने ही फ़ँसाने बहुत हैं,

क्या ख़्वाहिश किसी और तरन्नुम की।

अर्पित सिंह

# राजपूताना

रण में गर्द-ए-अना ही नहीं,

ग़र राणा ए रणमस्त खड़िया ही नहीं,

गढ़ में फ़र्ज़-ए-'ऐन फ़ज़ा ही नहीं,

जद चौहान-ए-ज़मीरान अड़्या ही नहीं,

जिसने तशद्दुद सहा ही नहीं,

वो डोगरा दिल-आवर लड्या ही नहीं,

जो ठाकुर शोहरा-वर शर्फ़-याब ही नहीं,

वो मिर्ज़ा शरफ़ शादाब ही नहीं,

वो रुत्बा राजपूताना ही नही,

जिसमें मेवाड़ी महाराणा ही नहीं।

# शाख़-ए-दरख़्त

सहर-ए-फ़िशाँ वो अलैहिदा हुई,

ज़र-फ़िशाँ वो दिल-ज़दा हुई,

सरमाई-ख़्वाब थी वो,

था नस्ब-शुदा वो शजर-ए-हयात,

जावेदाँ उनके  नाम है शादाब नवाज़िशात।

जिंदगी के इस मोड़ पर जहाँ,

आज सब कुछ बेमतलब सा लगता है,

पीछे मुड़कर देखता हूँ

तो हर पल ख़ूबसूरत सा लगता है,

जो इस वक़्त महसूस कर रहा हूँ

काश ये शब्द बयान कर पाते,

बीते बचपन के साथ कभी

वापस लौटकर नहीं आएँगी वो यादें।

जब होता है तसव्वुर तेरा,

तो साज़ों की आज़माइश नहीं होती,

होती है तो बस एक नज़्म-ए-हसरत,

जो तेरी रुख़्सती पर ज़वाहिर नहीं होती।

अब्र के अदील आवारा थे हम,

वाज़े'-ए-क़ानून की हुकूमत क्या सहार करते।

# ज़ुल्मत-ए-शब

ज़वाल पर ज़ख़्म की तरह ज़रखेज़ मैं,

शामत-ए-आमाल में क्यूँ तबरेज़ मैं,

साहिब-ए-इदराक क्यूँ शब-ख़ेज़ मैं,

महफ़ूज़-ओ-मामून क्यूँ ख़ुद-आवेज़ मैं।

वो अक्सर ये सवाल किया करते हैं,

कि क्यों तुम लफ़्ज़ इस्तेमाल करते हो,

मगर उनको कौन समझाए,

जज़्बात होना ये ऐमाल करते हैं।

अश्क बहे तो ख़ूब,

मगर अब ऐतबार न था,

क्यूँ तुमसे बाँट लूँ,

तो खाली में खुदमें वो ज़लज़ला,

तुमसे दूर यूँ होता चला गया।

तेरी नीयत साफ़ होनी चाहिए

बाक़ी कोई क्या कहता है उससे तेरा कोई मतलब नहीं,

तेरा माफ़ी मांगना हमेशा तेरी ग़लती का ही नतीजा नहीं,

आयना भी केवल वही देखता है

जिसे अपनी ख़ामियों से कोई शिकवा नहीं,

जो तुझे महसूस होता है वो नहीं हो सकता किसी को कभी,

तू गिरता है ये देखने के लिए कि क्या होगा जब तू होगा कुछ भी नहीं,

जो तू पाता है मिट्टी में मिलकर वो हमेशा तुझे चौंकाता है,

जो भी तेरे करीब आया है हमेशा कोई ना कोई ग़म साथ लाया है,

और अगर अपना ही परेशान ना करे तो क्या अपना क्या पराया है,

फर्क वहीं ख़त्म हो जाता अगर होता सभी एक जैसा,

समझता है तू सबको मगर फिर भी इल्जामों का बोझ तू उठाता है,

ख़ामोशी में ही काफ़ी कुछ कहना चाहता है,

मगर क्या तुझे कोई समझाना चाहता है,

क्यूँ समझाना है किसी और को जब तू अपने सच से वाकिफ़ है,

अगर चाहता कोई समझना तो महज़ कहना ही काफ़ी था।

# ज़ख्म

मैं पुत राजपूत दा ते पुत जट दा,

सूरमा दोआबे दा मैं पुत अंङखा,

कुँवर सिंह दा जवाक ते मैं पुत वरदा,

माहिवल दा शफ़ाक मैं ते डुल्ला मिर्ज़ा,

अपनी आई ता किसे तो नी डरदा,

खज्जल ज़र्फ़ दी ज़िदाई तों में कल्ला खड़ दा।

डरता क्यूँ है बन्दे,

अभी तो बहुत कुछ बाक़ी है।

मुझे फ़िक्र है कि मेरा दौर आएगा तो मैं कहीं अपने आप को ना भूल जाऊँ,

तुम्हें फ़िक्र है मेरा दौर आएगा तो मैं कहीं तुमको ना भूल जाऊँ।

पैसों के यार हैं आप तो

बेहतर है फ़ासले बढ़ा लीजिए,

हमारे दिल का कोई मोल नहीं है,

आप हमारी पसंद ख़रीद न पाएँगे।

# हरित प्रदेश

ऐ ज़मीन-ए-ज़रखेज़ दरख़्शाँ,

सर-ए-दहर में शादाब ज़र-अफ़शाँ,

किशावर्ज़ी की सेहर-आवर कहकशाँ,

मज़ाहिर-ए-फ़ितरत-ओ-मह-वशाँ,

ख़िल्क़त-ए-बाग़बान-ए-अज़ल मेहरबाँ,

दरख़्त-ज़ार ये हरित वतन ज़ा'फराँ,

किश्वर-ए-किशावर्ज़ जॉ-फ़िशाँ,

पच्छिमी ये वतन 'आलीशान,

सर-ज़मीं-ए-शोहरा-वर दिल-सिताँ,

मरकज़ी ये सूबा-ए-हिंदुस्ताँ,

सरवर-ए-दिलेरान ताबिस्ताँ,

'अज़ीमुश्शान ये सूबा-ए-हिंदुस्ताँ।

ऐ मुजाविर तू 'आलम-ए-सर-मस्ती

की संजीदा तिश्नगी है,

तेरी रौनक़-अफ़ज़ाई में शैदा मैं

ख़ुदग़रज़ी भूल गया।

रुख़-ए-अनवर पे तेरे फ़ाज़िल एक एहतियात सा है,

नर्गिस-ए-मख़मूर में तेरी कामिल एक ए'तिबार सा है,

हसरत-ए-दीद पे तेरी क्यूँ में दिल-ए-बेताब सा हूँ,

तेरे इक एहसास पे बशारत ये मंज़र बे-ख़्वाब सा है।

तेरे एहतिराम पर मेरे फ़िदा ये जान-ए-जहाँ करूँ,

तेरी इक ख़्वाहिश पर फ़ना ये रफ़ी'उश्शान करूँ,

मेरा तो रहनुमा ही तू है,

जो तू ना बोले तो कैसे मैं इज़हार करूँ,

तू जो करे फ़ासिले अफ़ज़ाइश,

तो कैसे मैं इसरार करूँ।

जज़्बातों के चलते वक़्त का इल्म नहीं होता,

बनती है तो महज़ एक फ़हरिस्त,

गुज़री हक़ीक़त के महफ़ूज़ तसव्वुर की।

ख़ुद-दारी रवा तब जानिए जब ज़िल्लत सहार करनी पड़े,

उस ग़ैरतमंदी का कोई शु'ऊर नहीं जो शराफ़त को सहार करनी पड़े।

ऐ रब तू है शाहिद

मैं वो अंदाज़ हाफ़िज़ करूँ,

ऐ क़यामत तू है वारिद

मैं वो इख़्तियार लाज़िम करूँ,

ऐ मा'सूमियत तू रहे क़ाएम

ये एहतियात माहिर करूँ,

ऐ सख़ावत तू रहे मुजाविज़

ये सदाक़त ज़वाहिर करूँ।

ऐ ज़िंदगी मायूस ना हो तू

ये सियाह रोज़ भी इक शाम ढल जाएगी,

ऐ फ़िरदौस ओझल न हो तू

रौनक़-अफ़रोज़ वो ख़्वाब-ए-सहर फिर आएगी।

आब-ए-रवाँ है ये दरिया-ए-हयात

जिसमें मौज-दर-मौज आवेज़ाँ है

मेरी कश्ती-ए-मोहब्बत,

ऐ मेहर-कश फ़िदा हूँ मैं

तेरी तलाश-ए-'अक्स में,

हिबा कर मुझपे वो निदा-ए-रहमत,

ताकि हो जाए रिहा मेरी ज़िद-ए-रफ़ाक़त।

सरिश्त-ए-फ़िरदौस की शाहीन ये शफ़क,

गर्दिश-ए-बख़्त न होगी ये शहादत,

'अर्श-ए-'अज़्मत ये बहिश्त-ए-शफ़क़त

ग़ाफ़िल-ए-ख़्वाब न होगी ये ज़राफ़त,

सर-नविश्त-ए-सहावर है ये फ़ज़ा-ए-वहशत,

जंग-ओ-जिदाल फ़तह होगी ब-राह हक़।

कुछ लफ़्ज़ ख़ामोशी में ही क़ैद रहने चाहिए,

रिहा तो कमज़र्फ़ी हुआ करती है।

क्या नज़्म है ये दास्तान-ए-हयात,

इब्तिदा-ए-शु'ऊर है हैरत इसकी,

क्या फ़ज़्ल है ये दिल-ए-हसरत,

ग़ाफ़िल-ए-ग़ैरत है ग़फ़लत इसकी।

नेक जज़्बात, आ'ला फ़ितरत और निश्छल शराफ़त

हर कोई समझ नहीं पाता।

ऐ दोस्त ये सफ़र ख़त्म होने को है,

ऐ अल्ल्हड़ परिंदों तन्हा ये फ़लक होने को है,

तक़दीर का कोई ए'तिबार नहीं,

कब किस मोड़ पर जलसा कराए,

ओ, ज़ाहिद कम-ज़र्फों,

इख़्तिताम-ए-शबाब होने को है,

दरख़्शाँ ये शमा, फ़ना होने को है।

गुमान कदे वी ओहदे वलों नी करिए जेड़ा दुश्वार होवे,

परवाज़ तो मग़रूरान मूरे साहिराना है, ए खुद्दार होवे।

म्हारो गाम,

म्हारो नाम,

म्हारी रीत,

म्हारी जीत।

तेरी सीरत पे फ़िदा में

पहली दफ़ा ही तेरा हम-ख़याल हो गया था,

तेरी सूरत पे फ़िदा में

पहली दफ़ा ही तेरा मेहर-वर हो गया था।

ऐ फ़िरदौस,

तेरी दीद में हमने ज़िंदगी बसर की है,

क्या तुझे 'इल्म है भी?

किस क़दर सहावर की है।

मेरे हर 'अक्स में तेरी मुरव्वत है,

मेरे हर वक़्फ़े में तेरी तरन्नुम है,

फ़रहत-बख़्श ये मेरा क़हक़हा,

तेरी ही रफ़ाक़त है,

फ़िरोज़-बख़्त ये मेरी कैफ़ियत,

तेरी ही तबस्सुम है।

ओ दोशीज़ा,

तुझे ये इल्हाम भी न था,

कि तुझमें क़ाबिज़ ख़ुदा मेरा था।

तेरी आँखों में मैंने हर उस कुल्फ़त को देखा है,

जिसे तूने ख़ामोशी में बिसारा है,

तेरे हर 'अक्स में मैंने हर उस हसरत को खोजा है,
जिन्हें तूने शर्तों की गर्त में निसारा है,

तेरी हर उस शफ़क़त पर मैं फ़िदा हूँ,

जिसे तूने अश्क़ अफ़्शानी में भी सँवारा है।

ऐ दिल-ए-अफ़ज़ा,

चल कहीं अब्र-ए-रवाँ हो जाएँ,

कहीं तू गरज जाए और मैं बरस जाऊँ,

कहीं तू ठहर जाए और मैं सबर जाऊँ।

तेरी इन मतवाली आँखों में बस खो जाने को जी करता है,

तेरी बेज़ार सी इस कशमकश में कहकशानी करने को जी करता है।

तेरे आईने में मेरा 'अक्स कुछ इस क़दर महफ़ूज़ है,
कि मेरे फ़लसफ़े में तेरा ही मुमताज़ महबूब है।

विरह कैसी होती है ये क़ियास ही न था,

शब-ए-फ़ुर्क़त के आग़ाज़ का एहसास ही न था,

शफ़क़-ज़ार उन गुज़र-गाहों ने,

वीरान पड़े उन मैदानों ने,

सुनसान पड़े उन मकानों ने,

ख़ामोशी में रवाँ उस दरिया ने,

लम्हे रवानगी में बसर उन ख़यालों ने,

बीते कल तेरी ग़ैरमौजूदगी का शबाब,

कुछ इस क़दर इल्हाम कराया,

कि बीती शब-ए-गश्त उस मुद्दत ने

ये शहर गुमनाम फ़रमाया।

उस रोज़-ए-फ़िराक़ की नादिर ये साखी,

ऐ सर-ज़मीन, ये माटी-ए-वस्फ़ तेरी,

मेरी रूह से नित ये निदा किया करती है,

कि ऐ दिलावर फ़िर लौट तू कभी,

ये मंज़िल-ए-दहर बेसबब,

तेरा ज़िक्राना किया करती है,

किस राह पर रूह-ए-रवाँ था तू,

किस 'अहद पर आख़िर अमान था तू,

किस ज़िद पे शाह-ए-ज़मान था तू,

किस रब पे बा'द-ए-फ़ना था तू,

ओ निराले राह-नवर्द,

ज़रा इत्मिनान से जता हमें,

क्यूँ कश्ती-ए-तरंग पर मौज-ए-अना था तू।

ऐ, मेरी ज़हरा-ए-अज़ीज़,

मैं तो कहूँ हर वो अफ़साना-ए-वफ़ा तुझे,

ग़र तू रूसे ना मेरी आशकार-ए-शराफ़त से।

क्या उलफ़त में कभी हद-ए-पैमान हुआ करते हैं?

क्या हसरतों पर कभी नाराज़गी अफ़्शाँ किया करते हैं?

क्या फ़ाज़िल इज़हारों पर ज़हमत बयान किया करते हैं?

क्यूँ बेवजह ही ख़्वाहिश फ़िशाँ हुआ करती हैं,

क्यूँ दिलों में जज़्बात अमान हुआ करते हैं,

क्यूँ अफ़सानों में अरमान हुआ करते हैं।

# बगावत

सांगा-ए-शान में पर्वर्द ये सैलाब-ए-सलाबत,

राणा-ए-आन पर बरअक्स ये इंतिशारी रक़ाबत,

शाह-ए-मर्दा पर नवाज़िश ये वाज़ेह 'अदावत,

है कुव्वत तो करो कैद ये संग्राम-ए-शहादत,

चौहान ज़मीरान या भाटी, शेखावत,

परमार, प्रतिहार या तँवर तलावत,

रणबंका राठौड़ या जादौनी सख़ावत,

राँघड़ दिलेरान या सोलंकी शबाहत,

रजपूती ज़बान है ये शमशीर-ए-सगावत,

ता फ़िर हो जाओ शरीक, उस रोज़-ए-तारीख़,

बेतहाशा बरपाओ क़हर उस रोज़-ए-इंक़िलाब-ए-सहर,

या तो हो जाओ जान-निसार या बदलो मिज़ाज-ए-दहर,

फ़त्ह-याब हो, या शिकस्त ये ख्वाब हो,

रहे ताब-ए-अग्नि में सराशर ये शहाना,

ओ बा-'अज़्म हाफ़िज़ों, भूलना मत लहू बहाना,

ये तुम्हारी ही ज़मीं है, है ये तुम्हारा ही ज़माना,

वीर भोग्य वसुंधरा, जय भवानी, जय राजपूताना।

हमारी फ़ितरत की तासीर कुछ इस कदर है, मानिव,

ज़बान-ए-लफ़्ज़ पर फ़ना हो जाया करते हैं, ज़मीर,

हमारे खित्ते-ए-ख़ुद-फ़िशानी में ख़ुदमुख्तारी का आलम यूँ था कि

मिज़ाज-नामों की मस्लहत जान-फ़िशानी हुआ करती थी,

विरासत-नामों की कुदरत सख़्त ज़बानी हुआ करती थी।

मेरे हर लम्हे में तेरा ही तसव्वुर है,

मेरी हर कश्मकश में तेरा ही ए' तिबार है,

तू कहाँ गुम है? ऐ, मेरी हसरत-ए-दीद,

तेरी निगाह-ए-मेहर का नाज़िर बनने का इंतज़ार है।

जो ये कहा करते हैं कि हम जताया नहीं करते,

उम्र गुज़र जाया करती हैं पछतावा करते - करते,

ना जता पाने की कसक वाज़ेह रह जाया करती हैं,

जावेदाँ वो ज़ाहिद मरहूम लौटकर आया नहीं करते।

ऐ राजपूतों ये रहे याद तुम्हें,

गर तुम हो गद्दार तो फिर डर किस इलज़ाम का,

करो ज़वाह हर उस इज़हार-ए-'अदावत को,

उठी जो बेबुनियाद तुम्हारी ज़लालत को।

तेरी नज़रों से तेरा ही शहर

है मेरी ये 'अज़्म-ए-सफ़र,

क्या मुझे भी कराएगी खैर-ख़बर,

अपना गोशा-गीर चमन-ए-दहर?

तेरे गाँव की हैरत-खेज़, बयाज़-ए-सहर,

व उसका शाहिद मंज़र मेरी ये बहर,

जज़्ब करना चाहती है हर वो आलम-ए-बसर,

तेरे पुरखों की रवाँ ज़िंदगी के पहर,

क्या मुझे भी कराएगी पेश-ए-नज़र,

तेरी पुश्तैनी वो मंज़िल-ए-दहर।

तेरे चेहरे के इब्सार भर से मेरी फ़ज़ा बेफ़िक्र हो जाया करती है,

तू कभी खुदको मेरी नज़र से भी देखा कर,

ओ दिल-कुशा,

किस क़दर तेरे नूर की बशारत मुझ पे यूँ एहतिशाम ढाया करती है।

आ 'ला-ज़र्फ़ तेरी इन आँखों में बस खो जाने को जी करता है,

तेरी बेज़ार सी इस कशमकश में कहकशानी करने को जी करता है।

ऐ, दिल-आवर-ए-कौम,

तेरी 'अज़मत पर ख़ून-अफ़शान करूँ,

तेरी सर-ज़मीं के एहतिराम में

सलाबत ये रफ़ी'उश्शान करूँ।

ऐ बर्र-ए-सग़ीर,

मेरे जज़्बे को कम न आँक तू,

तेरे परचम की सरहद ओ इक़्तिदार

की अफ़ज़ाइश मेरा 'अक़ीदा-ओ-अदावत है।

मेरे ख़्वाब तेरे ही नूर से नुमायाँ है,

तेरी रूह और मेरी मोहब्बत हमसाया है,

तेरी महक मेरी मंज़िल का सरमाया है,

तेरा ही खुश-मंज़र मेरी आँखों में समाया है,

क्या खूब होगी ज़िंदगी तेरी सोहबत में,

ऐ मेरी राह-ए-हक़ीक़त, ये ज़हन,

बेशक तेरे दिलकश ख़यालों का बहलाया है।

इंतज़ार में तेरे शाम-ओ-सहर,

कोई ख़बर नहीं आई,

ला-'इल्म, तेरी ये फ़ुर्क़त,

दिल-ए-ज़ार, हमें रास नहीं आई,

एक हफ़्ता हो चला, हमारे दरमियाँ,

ऐ, दिल-कुशा,

मन को चीरती ये ख़ामोशी,

सोज़-ए-इंतिज़ार में,

तेरी कोई आवाज़ नहीं आई।

एक ख़्वाहिश, ये छोटी सी,

कि शोख़-ए-सरगुज़श्त में तेरी,

में दास्ताँ-ए-इख़्तिताम हो जाऊँ,

मुख़्तसर-अफ़साने तो अक्सर होते हैं,

मुकम्मल मैं मंज़र हो जाऊँ।

'इल्म से शादाब इस गुलिस्ताँ में बहुत से तर्ज़-ओ-अंदाज अभी बाक़ी हैं,

ये तो मेहज़ एक स्नातकोत्तर का दौर-ए-आख़िर है,

आप सभी के' इल्मियत फ़राहम इस सफ़र में,

कई बलंद-परवाज़ अभी बाक़ी हैं।

ओ दिलकुशा,

तेरा हर अक्स मेरे चितवन की दमक है,

तेरा रुख़सार मेरे ख़्वाबों की औज-ए-फ़लक है,

तेरी हर याद को दिल से लगाए रखूँगा मैं,

तेरे हर ज़िक्र को लबों में छिपाये रखूँगा मैं,

तेरी हर दीद को आँखों में बसाये रखूँगा मैं,

तेरी महक को साँसों में समाये रखूँगा मैं,

क्योंकि बेशक तू मेरे हर एहसास की उलफ़त है,

तुझसे फ़िर मुलाक़ात मेरे इंतज़ार की अज़मत है,

तुझसे हुई हर बात मेरी ज़िंदगी का तज़क्कुर होगी,

तुझसे हुई हर मुलाक़ात

मेरी तन्हाई का तसव्वुर होगी।

ऐ, रश्क-ए-माहताब,

तू 'आलम-ए-सर-मस्ती की शादाब हक़ीक़त है,

तेरे हर दीदार पर श'आइर में अपनी मेह्र-आन करूँ।

अर्पित सिंह

# PAIGAAM-पैग़ाम

गर ए'तिबार तूने किया  है,

तो ये ए'लान भी सुन मेरा,

अब से तेरी हर रग़बत अफ़राज़ मेरी होगी,

अब से तेरी हर हज़रत हम-साज़ मेरी होगी,

तेरी हर कसक पर हौसला मेरा होगा,

तेरी हर ख़्वाहिश परवाज़ मेरी होगी,

तेरी हर नज़ाकत पर ज़र-अफ़शानी करूँगा मैं,

तेरी हर स'आदत पर रोज़ एक नई कहानी कहूँगा मैं,

तेरे हर ख़्वाब पर राहत-फ़ज़ा बेशक मेरी होगी,

फ़रहत-अफ़्ज़ा तेरी सोहबत में आख़िर रज़ा मेरी होगी,

है क़सम मुझे मैहरावर की,

तेरी रफ़ाकत में बादशाहत फ़त्ह करूँगा मैं पुर-ज़रूर,

चाहत बेशक बस इतनी सी,

मुझपे रख इरादत तू,

ऐ दिलरुबा-ए-नूर,

बर-हक़ तू मेरी होगी।

ऐ नज़्म नवाज़ों, याद रहे तुम्हें ये नविश्ता नज़्में,

बेशक मेरी कलम का नुक़्ता-ए-आख़िर नहीं।